EXTRAIT DES ANNALES DU MUSÉE GUIMET
TOME X

LE

GALET INSCRIT D'ANTIBES

OFFRANDE PHALLIQUE A APHRODITE

— Vᵉ ou IVᵉ siècle avant Jésus-Christ —

ÉTUDE D'ARCHÉOLOGIE RELIGIEUSE GRÉCO-ORIENTALE

PAR

H. BAZIN

AGRÉGÉ DE L'UNIVERSITÉ

AVEC DEUX PLANCHES

PARIS
ERNEST LEROUX, ÉDITEUR
LIBRAIRE DE LA SOCIÉTÉ ASIATIQUE, DE L'ÉCOLE DES LANGUES
ORIENTALES VIVANTES, ETC.
28, RUE BONAPARTE, 28
—
1885

LE

GALET INSCRIT D'ANTIBES

Pl. I

LE GALET INSCRIT D'ANTIBES.
OFFRANDE PHALLIQUE A APHRODITE.

EXTRAIT DES ANNALES DU MUSÉE GUIMET
TOME X

LE
GALET INSCRIT D'ANTIBES

OFFRANDE PHALLIQUE A APHRODITE

— v^e ou ive siècle avant Jésus-Christ —

ÉTUDE D'ARCHÉOLOGIE RELIGIEUSE GRÉCO-ORIENTALE

PAR

H. BAZIN

AGRÉGÉ DE L'UNIVERSITÉ

AVEC DEUX PLANCHES

PARIS
ERNEST LEROUX, ÉDITEUR
LIBRAIRE DE LA SOCIÉTÉ ASIATIQUE, DE L'ÉCOLE DES LANGUES
ORIENTALES VIVANTES, ETC.
28, RUE BONAPARTE, 28
—
1885

INTRODUCTION

Antibes est le coin de la Provence qui ressemble le plus à la Grèce : le luxe moderne n'est pas encore venu la transformer comme ses opulentes voisines ; Antibes a conservé ses rues étroites, ses vieilles maisons, ses remparts de près de trois siècles, auxquels le temps et le soleil donnent une teinte dorée, comme aux ruines du Parthénon. Ses grands oliviers, aux feuilles bleuâtres, y lèvent, comme dans l'Attique, des rameaux vigoureux. Ses figuiers, au fruit succulent, les plus renommés de Provence, font penser aux figues d'Athènes. Là, on trouve des bois d'orangers, comme ailleurs des forêts de chênes ; le cactus, l'aloès y poussent dans toutes les anfractuosités de rochers.

Cette petite Hellade provençale a jadis donné l'hospitalité à des Grecs : colonie marseillaise, fondée, nous dit Strabon, comme une sorte d'avant-garde ('Αντίπολις) contre les incursions des Ligures, Antibes a eu ses jours de grandeur et participé à la civilisation de sa métropole : dans son port profond venaient s'abriter les trirèmes ; elle avait son temple, ses théâtres, ses monuments.

Et cependant, de tout cela, il ne nous reste rien. On pourrait dire que le temps a tout détruit, si une heureuse fortune n'avait fait découvrir, il y a quelques années, une curieuse inscription, qui doit à la matière exceptionnellement dure sur laquelle elle est gravée, une conservation parfaite.

Antibois, sinon de naissance, du moins de cœur, nous avons voulu interpréter à notre tour cet antique monument d'un passé dans lequel nos études nous font vivre. Heureux, si nous avons réussi à éclairer d'un rayon de lumière un côté des mœurs et des habitudes religieuses des Grecs, qui, pour s'écarter des nôtres, n'en ont pas moins droit à notre intérêt.

LE

GALET INSCRIT D'ANTIBES

OFFRANDE PHALLIQUE A APHRODITE

— v⁰ ou ɪv siècle avant Jésus-Christ —

ÉTUDE D'ARCHÉOLOGIE RELIGIEUSE GRÉCO-ORIENTALE

Le *Galet inscrit* d'Antibes (Alpes-Maritimes) est une rareté archéologique, telle qu'il n'en existe nulle part, je crois, d'analogue. Il a été trouvé en 1866, par M. le docteur P. Mougins de Roquefort, sous le crépi d'une petite bastide; les paysans qui avaient construit cette cabane, n'avaient pas distingué ce caillou des autres matériaux de construction. Il est aujourd'hui dans le salon de M. le capitaine de vaisseau Muterse, à Antibes.

Les deux vers que l'on y lit sont d'une grâce vraiment homérique ; la forme archaïque des lettres rend l'inscription intéressante au point de vue épigraphique ; mais c'est l'objet lui-même qui est digne de toute notre attention. Caillou roulé au sein des eaux pendant des siècles, avant de recevoir les caractères que la main de l'homme y a tracés, il doit à la nature une forme allongée, qui le distingue des autres galets que l'on trouve en abondance sur la plage d'Antibes. C'est une précieuse découverte, qui rappelle, croyons-nous, les pratiques religieuses de la Grèce, ou, si l'on aime mieux, des colonies grecques, vers le v⁰ siècle avant Jésus-Christ ; l'inscription date probablement de l'époque où, sous l'influence des associations religieuses, *thiases*, *orgeons*, ou *eranes*, les cultes de l'Orient prirent une si grande extension.

En parlant de la singularité de l'objet qui nous occupe, nous ne prétendons pas dire qu'il soit rare de trouver des cailloux roulés avec épigraphe : M. de Caylus en reproduit plusieurs dans son *Recueil d'Antiquités* [1], un entr'autres, trouvé à Marseille, sur lequel est grossièrement figuré un navire avec légende à la louange de la cité des Phocéens ; le savant archéologue lui attribue, peut-être à tort, une antiquité trop reculée [2]. On trouve de ces galets gravés en Palestine, avec des caractères hébreux, en Gaule, en Italie, en Grèce ; il y a peu d'années que le regretté Albert Dumont en découvrait un nouveau à Athènes [3].

Mais les galets de nature calcaire présentent en général peu de garanties d'authenticité. Rien n'est plus facile en effet que de graver en creux, en le plongeant dans un bain acide, le caillou recouvert d'une couche de cire, enlevée seulement aux endroits que l'on veut attaquer [4]. Le Musée de Lyon conserve, à titre de curiosité, un certain nombre de ces cailloux provenant du lit du Rhône et sortant d'une fabrique qui reproduisait ainsi sur galets des inscriptions d'ailleurs authentiques, au grand profit sans doute des entrepreneurs de cette industrie nouvelle.

Telle n'est pas la pierre roulée d'Antibes : en serpentine très dure, elle a opposé une grande résistance au ciseau du lapicide, et l'on voit quelques endroits où l'outil mal assuré a glissé et marqué des traits inutiles sur la surface convexe du caillou.

Son authenticité est tellement incontestable, qu'il n'est jamais venu à l'esprit de personne de la mettre en doute, bien que de nombreux savants se soient déjà occupés de la pierre d'Antibes.

L'année même de sa découverte, M. Mougins de Roquefort en faisait l'objet d'une communication intéressante au Congrès scientifique de Nice. Il appelait en même temps l'attention de MM. Charles Bazin, de Saulcy,

---

[1] De Caylus, *Recueil d'antiquités*, t. VI, p. 131, pl. XXXIX, n° 3.
[2] De la Saussaye. *Numismatique de la Gaule Narbonnaise*, Paris, 1842.
[3] *Procès-verbaux des Séances de la Société des Antiquaires de France*, séance du 8 juillet 1874, communication de M. Heuzey.
[4] De Caylus, *Recueil d'antiquités*, t. IV, p. 339.

Saint-Marc Girardin sur sa précieuse trouvaille[1]. Peu de temps après, M. Frœhner, alors conservateur adjoint au Louvre, rendait compte de l'inscription dans un article important de la *Revue archéologique* [2]. Mais le travail le plus savant auquel cette pierre ait donné lieu, c'est le remarquable mémoire que M. Heuzey a publié en 1874 dans les *Annales de la Société nationale des antiquaires de France*[3].

M. Heuzey fit faire un pas important à la question : tandis qu'avant lui on ne considérait dans le caillou d'Antibes que l'inscription elle-même, qui avait trait, pensait-on, à un personnage réel ou figuré, homme ou statue, il montra que ce galet était un objet isolé et indépendant et qu'il fallait chercher en lui-même sa raison d'être et l'explication de l'épigraphe que les anciens y avaient gravée.

Nous nous séparons du savant académicien, lorsqu'il considère le caillou roulé d'Antibes comme une pierre sacrée, un de ces *bétyles* adorés en différents lieux de la Chaldée, de la Phénicie, de la Syrie et de l'Asie-Mineure. Mais en combattant son idée, nous n'en rendons pas moins hommage à son immense savoir et au mérite qu'il a eu de signaler le premier l'importance qu'il fallait attacher à la pierre elle-même, indépendamment de l'inscription.

Nous lui empruntons la description à la fois si exacte et si nette qu'il donne de notre monument[4] : « Ce n'est, dit-il, ni une plaque, ni une dalle. La nature est le seul ouvrier qui lui ait donné la forme qu'on lui voit. C'est un caillou, un galet roulé et poli, comme on en trouve dans le lit des torrents et sur le bord de la mer. Seulement celui-ci est de grande dimension (65 centimètres de long sur 21 dans sa plus grande largeur), et d'un poids qui ne permet pas de le déplacer sans effort [5]. Il est très allongé, sensiblement plus renflé d'un bout que de l'autre, justement du côté où se terminent les lignes de l'inscription. Sa surface partout arrondie et tendant

---

[1] Mougins de Roquefort et Gazan. *Inscription grecque, trouvée à Antibes, en 1866.* Toulon, Laurent. 1876.
[2] Frœhner. *La Vénus d'Antibes* dans la *Revue archéologique*, année 1867, t. XV, p. 360.
[3] *La pierre sacrée d'Antipolis*, mémoire lu dans les séances des 11 et 18 mars 1874, de la Société nationale des Antiquaires de France.
[4] *Mémoires de la Société nationale des Antiquaires de France*, IVe série, t. V., 1874, p. 145.
[5] Nous l'avons fait peser depuis; il est de 33 kilog.

à la forme ovoïde, accuse cependant confusément une disposition prismatique et présente trois faces longitudinales plus ou moins convexes. C'est sur la plus large et la plus aplatie de ces faces que les deux vers sont gravés en quatre lignes, dans le sens de la longueur du galet ».

Une particularité curieuse, qui n'avait pas encore été signalée, je crois, c'est la propriété hygrométrique de la pierre, qui, suivant le degré d'humidité de l'air, passe du vert noirâtre au bleu pâle [1].

Quant à l'inscription elle-même, on la lit très facilement, et la forme archaïque de plusieurs lettres, a permis à M. Frœhner [2] et à M. Heuzey [3] de fixer avec certitude sa composition au v° ou au iv° siècle avant Jésus-Christ. Nous acceptons pleinement les vues de ces éminents archéologues sur l'âge de notre monument : la forme des lettres est ici un indice précieux et indiscutable.

Voici d'ailleurs notre inscription, que nous reproduisons sans établir la séparation des mots, telle que nous l'avons vue dans le monument original :

ΤΕΡΠΩΝΕΙΜΙΘΕΑΣΘΕΡΑΠΩΝΣΕΜΝΗΣΑΦΡΟΔΙΤΗΣ
ΤΟΙΣΔΕΚΑΤΑΣΤΗΣΑΣΙΚΥΠΡΙΣΧΑΡΙΝΑΝΤΑΠΟΔΟΙΗ

Mais si les archéologues sont d'accord pour cette transcription toute matérielle, ils diffèrent sensiblement les uns des autres, lorsqu'il s'agit de rendre compte soit de l'inscription, soit de l'objet lui-même.

Nous allons exposer ces diverses opinions, et voir quelle valeur il faut attribuer à chacune d'elles, avant d'exprimer notre sentiment personnel et les raisons sur lesquelle nous l'appuyons.

Faute sans aucun doute de renseignements suffisants, M. Frœhner commettait l'erreur de considérer la pierre d'Antibes comme le piédestal de la statue d'un certain *Terpon*[4]. Voici sa traduction : « *Je suis Terpon, serviteur*

---

[1] Nous devons ce renseignement à l'obligeance de M. l'abbé Rostan, un des premiers qui se sont occupés de l'interprétation de l'inscription.
[2] *Revue archéologique*, N. S., t. XV, 1867, p. 360.
[3] *Mémoires de la Société nationale des Antiquaires de France*, IVᵉ série, t. V, p. 118.
[4] Ni les textes anciens, ni les recueils d'inscriptions grecques ne nous offrent d'exemple de *Terpon*, comme nom d'homme. En épigraphie latine, nous sommes plus heureux : sur les indications du savant

de l'auguste déesse Aphrodite; que Cypris accorde ses faveurs à ceux qui ont élevé (cette statue) ».

M. Mougins de Roquefort et après lui M. Saint-Marc Girardin regardaient notre caillou roulé, non plus comme un socle, mais comme une sorte de dalle encastrée dans le mur, de façon à présenter au public la surface la moins convexe sur laquelle était gravée l'inscription. Dans la précipitation d'une première interprétation, M. Mougins de Roquefort avait lu au second vers au lieu de ΤΟΙΣ ΔΕ ΚΑΤΑΣΤΗΣΑΣΙ les mots suivants ΤΟΙΣ ΔΕΚΑΤΑΣ ΤΗΣΑΣΙ et il traduisait : « *Que Cypris accorde ses faveurs à ceux qui payent la dîme.* » La lecture ΤΗΣΑΣΙ est évidemment fautive. Tout au plus pourrait-on dire : ΤΟΙΣ ΔΕΚΑΤΑ ΣΤΗΣΑΣΙ; et encore, sous la forme abstraite qu'elle aurait ici, cette expression ne se trouve-t-elle pas dans les auteurs.

Pour M. Saint-Marc Girardin, l'inscription n'était autre chose que la bénédiction donnée par le desservant du temple de Vénus à ceux qui l'avaient investi de ses fonctions ΤΟΙΣ ΚΑΤΑΣΤΗΣΑΣΙ. Mais, outre qu'il semble étrange que ce prêtre ait jugé utile de perpétuer ainsi, en dehors de tous les usages connus, le souvenir de son élection et l'expression de sa gratitude, nous nous trouvons en présence d'une objection grave, qui est tirée de la forme même de l'objet.

Ces deux dernières interprétations supposent en effet que la pierre aurait été enclavée soit intérieurement, soit extérieurement dans la muraille du temple. Or, la surface arrondie et parfaitement unie du galet n'était rien moins que favorable à son encastrement. Pour s'en servir dans la construction de leur bastide, les paysans antibois avaient dû la recouvrir de mortier et cacher ainsi une bonne partie de l'inscription[1]. Toutes différentes étaient les habitudes architectoniques des Grecs, qui n'employaient pas d'ordinaire le blocage et la maçonnerie cimentée.

D'autre part, l'examen attentif de la pierre ne laisse voir aucune trace

---

directeur du *Bulletin épigraphique* M. MOWAT, nous avons trouvé dans le *Corpus Inscriptionum Latinarum*, t. X, n° 5945 : *M. Ulpius Terpon*; t. III, n° 2414 : *L. Lartius Terpinus*, mot évidemment dérivé de *Terpon* ; — t. IX, n° 231 : *Sextia Terpura*, nom à terminaison féminine, avec e même radical que *Terpon*.

MOUGINS DE ROQUEFORT ET GAZAN, *op. cit.* p. 2.

de scellement et on ne peut même pas dire que ce soit sa forme régulière et géométrique qui lui ait fait attribuer cet usage : sensiblement plus renflée à l'un de ses bouts, elle est loin de dessiner l'ovale parfait que représentait M. Frœhner dans son article de la *Revue Archéologique*. On voit donc qu'aucune de ces explications n'est satisfaisante. Il faut repousser de même toute interprétation qui suppose un encastrement de la pierre.

Mais arrivons enfin à l'opinion de ce savant, qui est un maître de l'archéologie antique ; bien que nos conclusions s'éloignent de celles de M. Heuzey, nous n'en avons pas moins tiré grand profit de son mémoire, et nous le prions de vouloir bien agréer ici l'expression de notre respectueuse gratitude. C'est lui qui a vu que l'auteur de l'inscription faisait parler le caillou lui-même : Τερπών εἰμι, et il s'appuie sur des exemples analogues de l'*Anthologie Palatine*, VI, 48 : Χάλκεός εἰμι τρίπους, Πυθοῖ δ'ἀνάκειμαι ἄγαλμα. — Cf. le tombeau de Midas : Χαλκῆ πάρθενός εἰμι.

Nous acceptons entièrement cette vue ingénieuse du savant académicien. Nous ne nous séparons de lui que lorsqu'il croit voir dans notre caillou roulé une de ces *pierres sacrées*, représentant une divinité, analogues à la Vénus pyramidale de Paphos, à ces ἀργοὶ λίθοι dont Pausanias nous rapporte de nombreux exemples, au Zeus Kappotas de Gythium, au Zeus Sthénios de Trézène, à l'Hercule du bourg d'Hyette en Béotie.

Frappé de ce fait que Pausanias avait vu dans le temple de l'Amour à Thespies, entre les admirables statues de Praxitèle et de Lysippe, le dieu *Eros*, représenté par une pierre non travaillée ἀργὸς λίθος,[1] il crut trouver dans le caillou roulé d'Antibes une image analogue et considéra Τερπών, le premier mot de notre inscription, comme un surnom local du dieu Amour.

Si séduisante qu'elle soit, cette hypothèse soulève de nombreuses difficultés.

Τερπών, pour désigner l'Amour, ne se rencontre dans aucun lexique ; ce ne serait pas, il est vrai, une raison importante, si elle se trouvait isolée.

Une objection bien autrement grave, à notre avis, résulte de la forme

---

[1] Pausanias, IX. XXVII, 1.

même de l'objet, absolument différente de celle que l'on peut attribuer à ces pierres symboliques dont parle Pausanias.

Tandis en effet que le galet d'Antibes était posé à plat, comme nous le verrons tout à l'heure, sur l'autel de Vénus, les passages du *Voyage en Grèce*, où il est question d'ἀργοὶ λίθοι, nous laissent supposer que ces pierres avaient une forme élancée, rappelant de plus ou moins loin le port de la statue.

Peut-être y aurait-il lieu de faire une exception pour les trois Grâces d'Orchomène [1] : ces ἀργοὶ λίθοι, d'après la tradition, auraient été recueillies par Étéocle, au moment où elles venaient de tomber du ciel ; c'étaient probablement des aérolithes, d'un aspect très différent de notre caillou.

Les trente pierres de Pharæ, en Achaïe, étaient quadrangulaires et droites, l'auteur le dit expressément (ἑστήκασι) [2]; le Zeus Teleios de Tégée avait la même forme [3] ; à Sicyone, Zeus Meilichios et Artemis Patroa étaient représentés, le premier par une pyramide, la seconde par une colonne [4] ; Apollon Karinos de Mégare, était lui aussi symbolisé par une petite pyramide [5].

Dans tous ces passages, les ἀργοὶ λίθοι ont, nous le voyons, une forme allongée ; dans deux autres, quand il nous parle de l'Hercule Hyette de Béotie [6], et de l'Eros de Thespies [7], Pausanias est muet sur la forme qu'affectait la pierre sacrée ; mais tout nous porte à croire que là aussi la piété des fidèles ne s'adressait pas à un caillou plat, du genre de celui que nous étudions.

Il est une autre ἀργὸς λίθος de forme ovoïde, qui semblerait au premier abord aller à l'encontre de notre opinion ; c'est la pierre de Kronos à Delphes, qu'on arrosait d'huile tous les jours et qu'on enveloppait de laine blanche [8]. Loin d'infirmer notre jugement, ce renseignement de Pausanias montre

---

[1] Pausanias, IX, XXXVIII, 1.
[2] Id. VII, XXII, 4.
[3] Id. VIII, XLVIII, 6.
[4] Id. II, IX, 6
[5] Id. I, XLIV, 2.
[6] Id. IX, XXIV, 4.
[7] Id. IX, XXVII, 1.
[8] Id. X. XXIV, 6. — Cf. VIII, VIII, 2.

bien plutôt que la forme des *pierres sacrées* n'était pas indifférente à leur destination. En effet, cet énorme caillou, confondu par certains archéologues avec l'ὀμφαλός de Delphes, distingué de ce symbole vénéré par les autres, représentait un petit enfant : c'était la pierre que Rhéa avait fait avaler à Kronos, pour tromper l'appétit du vorace et cruel Titan [1].

On voit donc que ce passage ne prouve en aucune façon que les ἀργοί λίθοι n'eussent pas, quand il s'agissait de représenter un dieu, Zeus, Apollon ou l'Amour, la forme élancée que nous leur attribuons.

Notre opinion est encore confirmée par une autre *pierre sacrée* célèbre, la Vénus de Paphos. Tacite [2] nous la décrit à l'occasion du pèlerinage de l'empereur Titus : « *L'image de la déesse*, dit-il, *n'a pas une apparence humaine : circulaire à la base, elle va en se rétrécissant, en forme de borne* »; nous lisons dans Servius [3] : « *Apud Cyprios, Venus in modum umbilici, vel, ut quidam, metæ colitur* »; et Maxime de Tyr [4] s'exprime en grec à peu près dans les mêmes termes. D'ailleurs les monnaies de Drusus, Vespasien, Trajan, Titus frappées à Cypre [5] nous ont conservé cette célèbre image, qui était encore figurée dans les médailles de Chalcis en Eubée [6] et d'Ælia Capitolina [7].

Cette façon de représenter la divinité créatrice, était venue à Cypre de Chaldée, et, dit M. Lajard dans son intéressant mémoire [8], « ces mêmes prêtres qui, dans leurs conceptions abstraites, avaient eu l'idée d'attribuer à la divinité créatrice la forme d'une pyramide, d'un cône, ou d'un obélisque se trouvèrent conduits, par voie d'analogie, à choisir parmi les végétaux qui croissaient sous leurs yeux le cyprès pyramidal, pour en faire le représen-

---

[1] Cf. le βαίτυλος de Crète dans Fr. Lenormant. *Les Bétyles*, intéressant article de la *Revue de l'Histoire des Religions* 2e année, t. III, 1881, p. 45.
[2] Tacite. *Histoires*, II, 2 à 4.
[3] Servius. *Commentaire de l'Énéide*, I, 724.
[4] Maxime de Tyr, *Dissertation* XXXVIII.
[5] Mionnet. *Description de médailles antiques*. Paris, 1806, 1837, t. III, p. 670 et suiv.
[6] Mionnet, *ibidem*. Supplément, t. IV, p. 361.
[7] Mionnet, *ibidem*. Supplément, t. VIII, p. 360. — Sur le symbolisme du cône à Cypre et en Phenicie, voir G. Perrot et C. Chipiez, *Histoire de l'Art dans l'antiquité*, t. III, pp. 60, 273, 298, 304, 308, 639.
[8] Lajard. *Recherches sur le culte du Cyprès pyramidal chez les peuples civilisés de l'antiquité*. Extrait des *Nouvelles Annales de l'Institut archéologique*, vol. XIX, 1847.

tant vivant et symbolique du dieu créateur. » L'illustre orientaliste nous renvoie à toute une série de médailles, où l'on trouve le cyprès employé comme symbole d'Astarté : l'arbre est placé entre un lion et un taureau, le soleil et la lune, dans le langage hiératique de l'Orient.

A l'exemple des Chaldéens, les Grecs durent choisir des objets de forme élancée, pour figurer leurs dieux, quand ils ne recouraient pas à l'anthropomorphisme.

Placée droite, la pierre d'Antibes eut présenté ce caractère ; mais nous savons avec certitude qu'elle ne l'était pas. M. Heuzey, qui eût eu tant d'intérêt à le constater, n'a pu le faire. Au contraire, dans sa bonne foi scientifique, il a avoué qu' « *à aucune des deux extrémités du galet on ne trouve trace du travail qui aurait été nécessaire pour le dresser sur une base quelconque*[1] ». Il est évident dès lors que ce caillou reposait à plat sur l'autel, à côté de la statue d'Aphrodite Antipolitaine.

Ce serait donc là l'objet qui eût représenté le gracieux compagnon de Vénus ! C'était, il faut l'avouer, obliger les pieux adorateurs du dieu à un grand effort d'imagination, alors qu'il était si facile de le leur épargner, en donnant une base à la pierre, en la dressant à la façon de la Vénus de Paphos !

Cette facilité qu'avaient les prêtres d'Aphrodite de dresser le caillou d'Antibes, dans le cas où ils en eussent voulu faire un *bétyle*, répond à l'objection de ceux qui citeraient des exemples de pierres sacrées dont la forme n'était pas allongée. Mais on peut leur opposer encore d'autres arguments.

Les pierres non dressées que l'on honorait comme des dieux étaient le plus souvent des aérolithes, que l'on avait vu tomber enflammés du ciel : telle était la célèbre pierre de Pessinunte, noire, de forme irrégulière, assez petite pour qu'on ait pu la placer à Rome dans la bouche de la statue de Cybèle, qu'elle défigurait. M. Lenormant [2], dans l'intéressant article qu'il consacre à l'étude des *bétyles*, met très nettement en lumière ce caractère

---

[1] Heuzey. *La pierre sacrée d'Antipolis*, dans les *Mémoires de la Société nationale des Antiquaires de France.* VIe série, t. V, 1874, p. 116.
[2] F. Lenormant. *Les Bétyles* dans la *Revue de l'Histoire des Religions*, 2e année, t. III, 1881 p. 31.

céleste des *pierres sacrées* chez les peuples sémitiques. Il cite Damascius [1] : « *J'ai vu le bétyle volant dans le ciel* », et, rapportant l'expression de Sanchoniathon *pierres animées* (λίθους ἐμψύχους), il l'explique en disant que « la superstition leur attribuait la faculté de se mouvoir encore, à certaines heures, dans l'air, au milieu d'un globe de feu, comme au moment de leur chute ». Se figure-t-on que notre galet d'Antibes, avec son poids de 33 kilog., puisse être rangé dans cette catégorie des « pierres volantes » ? A-t-il une ressemblance même lointaine avec la matière sidérale des aérolithes ? On a insisté beaucoup sur sa couleur noirâtre; nous avons, en le décrivant, fait observer que c'est seulement sous l'influence de l'état hygrométrique de l'air qu'il prend une teinte foncée.

On ne peut pas dire non plus que ce soit la forme étrange de la pierre d'Antibes qui lui ait fait attribuer un caractère sacré. On ne trouve sur elle aucun signe particulier qui ait pu la désigner à la piété des fidèles. La *pierre d'Émèse* présentait la figure du κτεὶς très nettement dessinée à sa base ; la *pierre noire* de La Mecque portait l'ἐκτύπωμα τῆς Ἀφροδίτης, signalé par les écrivains byzantins; les *hystérolithes*, dont parle Falconnet [2], que l'on trouvait en Asie-Mineure dans le fleuve Sagaris, montraient *le type de la mère des dieux*. Rien de semblable dans le galet roulé qui nous occupe. Nous ne voyons aucune raison pour qu'on ait eu l'idée de le considérer comme un *bétyle* et le fait qu'on n'ait pas songé à le dresser est caractéristique. Nous en trouvons une nouvelle preuve dans le nom même que les *pierres sacrées* portaient en langue phénicienne. On s'est demandé longtemps ce que signifiait le mot « *Neçib Malac Baal* » que l'on trouve sur plusieurs pierres inscrites de Malte, de Tharros, de Carthage, d'Hadrumète et de Cypre. M. Derenbourg avait vu que *Malac Baal* était un nom divin; M. Philippe Berger [3] a établi, dans un intéressant article du *Journal Asiatique*, que *Neçib* signifie dresser et est employé pour désigner un pic ou une colonne; il cite différents exemples

---

[1] Dans Photius. *Biblioth*., cod. 242, p. 348, ed. Bekker.
[2] *Mém. de l'Acad. des Inscriptions*, t. XXIII, p. 213 et suiv.
[3] Ph. Berger. *Note sur les pierres sacrées* dans le *Journal Asiatique*, VII⁰ série, t. VIII, 1876, p. 253. — Halévy, *Communication* à la séance de la *Société Asiatique* du 29 juin 1881 : il ne maintient le nom de *bétyle* qu'aux aérolithes à l'exclusion des stèles et des pierres coniques. *Revue de l'Histoire des Religions*, 2⁰ année, t. II, 1881, n⁰ 6, p. 392.

du sens métaphorique de ce mot, qui sert dans l'*Ancien Testament* à qualifier les princes philistins, la statue de sel en laquelle fut changée la femme de Loth, une ville fortifiée mentionnée par Josué dans le sud de la Palestine, toutes acceptions où l'idée d'un *cippe* ou d'une *colonne* est éveillée dans notre esprit. Il conclut que les pierres portant l'inscription « *Neçib Malac Baal* » étaient des *bétyles*. Nous relevons de sa démonstration ce fait que le nom phénicien des *pierres sacrées* indiquait qu'elles étaient levées sur leur base, ce qui, dans le cas actuel, va une fois de plus à l'encontre de l'opinion de M. Heuzey.

Il est encore une autre considération qui nous sépare de la manière de voir de l'illustre académicien, c'est le rôle qu'il attribue à la *pierre sacrée d'Antipolis* : il en fait une offrande pieuse, déposée par des pêcheurs ou des marins sur l'autel de Vénus. Cette consécration d'un dieu à un autre dieu nous surprendrait moins, s'il s'agissait d'une représentation iconique de l'Amour. Mais, offrir à une Vénus faite de main d'homme (nous montrerons tout à l'heure que telle devait être la déesse Antipolitaine), lui offrir la *pierre sacrée*, donner sur l'autel la première place à l'œuvre humaine et laisser au second plan le *bétyle*, ce miraculeux présent du ciel à la terre, ceci me paraît peu conforme au respect que les anciens éprouvaient pour les *pierres sacrées*. Au temps de Périclès, on trouvait réunis dans le temple de Thespies l'Amour de Praxitèle, celui de Lysippe et le grossier caillou dont parle Pausanias [1] ; mais la piété des fidèles laissait de côté la gracieuse image taillée dans le marbre par ces sculpteurs de génie, et se portait de préférence sur l'antique symbole. Dans la restitution qu'il a tentée du sanctuaire de Golgos, le savant Ceccaldi [2] nous montre « dans l'intérieur du temple, qui ne recevait de jour que par les larges baies des portes, une foule immobile et silencieuse de personnages de pierre, aux traits et aux vêtements rehaussés de peintures, entourant en perpétuels adorateurs le *cône mystique*. » M. Heuzey nous semble traiter avec bien peu de respect la *pierre sacrée d'Antipolis* en en faisant l'acolyte, le compagnon à un rang inférieur d'une statue iconique.

---

[1] Pausanias. IX XXVII, 1.
[2] Ceccaldi. *Monuments antiques de Cypre*, cité dans G. Perrot et C. Chipiez, *Histoire de l'Art dans l'Antiquité*, t. III, *Phénicie et Cypre*, Paris, 1885. p. 275.

Après avoir ainsi énuméré et réfuté les opinions diverses qui ont été émises sur la signification de cette pierre mystérieuse, nous allons essayer de l'interpréter à notre tour.

Le sens de l'inscription, la forme particulière du galet, et aussi ce que nous savons sur le culte rendu à la Vénus orientale, honorée par les Antipolitains, tout cela nous a conduit à considérer le caillou roulé d'Antibes comme la représentation d'un énorme phallus, déposé en offrande, dans un but pieux, sur l'autel de la déesse de la génération.

Nous lisons l'inscription :

Τερπών εἰμι θεᾶς θεράπων σεμνῆς Ἀφροδίτης
Τοῖς δὲ καταστήσασι Κύπρις χάριν ἀνταποδοίη,

et nous traduisons.

« Je suis Terpon (le phallus), serviteur de l'auguste déesse Aphrodite ; que Cypris paye de retour ceux qui m'ont déposé ici. »

M. Heuzey avait méconnu l'idée de *plaisir* attaché à la racine ΤΕΡΠ. Or, ce plaisir est celui que goûte Aphrodite, la Vénus orientale, la déesse de la génération. De là, le sens que nous attribuons au premier mot de notre inscription ; il nous paraît si naturel que nous sommes vraiment surpris qu'on en ait cherché un autre.

Il faut reconnaître, et c'est peut-être la raison qui a arrêté les interprétateurs, que la construction grammaticale de ΤΕΡΠΩΝ présente quelques difficultés.

Nous avions songé d'abord à le rendre par *joie, plaisir*. Τερπών, génitif τερπόνος est cité à deux reprises dans l'*Etymologicum magnum* [1], d'abord comme type de formation des noms, et puis comme exemple des terminaisons féminines en ων. Il semblait indiqué dès lors de traduire : « *Je suis la joie, le plaisir* ». — A cette explication si simple, le mot suivant θεράπων vient opposer un obstacle insurmontable, car le τερπών de l'*Etymologicum magnum* est du féminin et entraînerait forcément après lui θεράπνη ou θεράπαινα.

---

[1] *Etymologicum magnum*. Edit. Gaisford. Oxford. 1848, 141, 17 — 812, 20.

Il n'est de même pas possible de voir dans τέρπων un participe masculin pris substantivement; car τέρπων εἰμί dans le sens de : « *Je suis celui qui réjouit* » n'est pas grec. A peine accepterait-on la construction ἐγώ εἰμι ὁ τέρπων.

Nous pourrions à la rigueur considérer le participe τέρπων comme une simple épithète et faire dire au phallus : « *Je suis le réjouissant serviteur d'Aphrodite* ». Il est vrai que cet emploi du participe est peu conforme aux habitudes de la langue grecque ; mais il n'est pas impossible grammaticalement, comme a bien voulu nous le dire un critique aussi obligeant que savant et autorisé M. Otto Riemann, maître de conférences à l'école normale supérieure.

Les besoins de la mesure, la concision du style épigraphique et surtout le désir d'obtenir cette curieuse allitération τέρπων θεᾶς θεράπων auraient bien pu contribuer à provoquer cette hardiesse d'expression.

Mais il faut avouer que la construction de la phrase porte bien plutôt à considérer le premier mot de l'inscription comme un nom propre; en tout cas comme le mot principal, celui sur lequel l'auteur de l'épigraphe a voulu attirer l'attention. C'est ce qu'avait déjà vu M. Heuzey ; seulement, très embarrassé pour en trouver la signification il créait de toutes pièces une divinité nouvelle et faisait de ΤΕΡΠΩΝ un surnom local du dieu *Amour*.

Plus heureux que l'éminent archéologue, nous apportons, grâce à une curieuse peinture d'un vase grec, la preuve que ΤΕΡΠΩΝ n'était autre chose qu'un *Silène*, un de ces demi-dieux, dévoués au culte de Vénus, dont nous avons un si grand nombre de représentations ithyphalliques. Il est inutile d'insister sur l'importance de ce rapprochement : car il semble dès lors tout naturel que le pieux Antipolitain, voulant déposer en offrande la pierre phallique sur l'autel de la divinité génératrice, fut amené à y graver le nom du serviteur de Vénus, θεράπων σεμνῆς Ἀφροδίτης, du Silène *Terpon*, l'ardent poursuivant des Nymphes et des Ménades.

Le précieux objet qui nous fournit à la fois le nom et l'image de *Terpon* est un *cylix* trouvé à Capoue, œuvre du célèbre Brygos [1], qui vivait au

---

[1] Matz. *Tassa Capuana di Brygos*, dans les *Annali dell' Instituto de Corrispondenza archeologica* t. XLIX, 1873, avec figures dans les *Monumenti inediti pubblicati dell' Instituto di Corrispondenza archeologica*, t. IX, 1869-1873.

milieu du v° siècle avant notre ère. Ce vase a été reproduit dans les *Monumenti dell' Instituto di Corrispondenza archeologica* en 1872 et se trouve actuellement au *British Museum*. On y voit la chaste épouse de Zeus, en butte aux attaques de licencieux Silènes ; Junon a l'air grave et sévère ; elle est défendue par Hermès, qui essaye d'arrêter les satyres en les haranguant et par Héraclès, qui se prépare à faire usage de son arc redoutable. Les Silènes ithyphalliques sont au nombre de quatre : le premier, uniquement occupé de la réalisation de ses projets, n'a pas aperçu les protecteurs de Junon ; deux autres manifestent un sentiment d'étonnement et de crainte. Leurs noms, ΒΑΒΑΚΚΟΣ, ΣΤΥΟΝ, ΝΥΔΡΙΣ rappellent ceux de certaines divinités orientales ; Hiller confond le dernier avec 'ΑΚΡΑΤΟΣ, le compagnon de Bacchus dont parle Pausanias [2]. Le quatrième Silène, ithyphallique comme ses compagnons, respire l'ardeur bestiale à un degré plus grand encore ; le nom de ΤΕΡΠΟΝ est écrit au-dessus de lui et répond pleinement à son attitude : le visage animé par l'attrait du plaisir, il rampe sur les pieds et sur les mains, comme pour surprendre la déesse ; l'artiste a trouvé des traits heureux pour incarner le *Plaisir des sens*.

Tel est, on peut l'affirmer, le personnage que le pieux Antipolitain a voulu représenter par l'organe caractéristique des Silènes, auprès d'Aphrodite, déesse des forces génératrices, à laquelle Antibes, ville de marins, vouait un culte particulier.

Mais, poursuivons l'interprétation de notre épigraphe : M. Heuzey a fait observer avec beaucoup de justesse que καθίστημι indique exactement l'idée de *poser*, d'*établir*, de *mettre un objet à sa place définitive* ; cette remarque est importante pour nous, qui insistons sur ce point que le caillou n'était pas dressé, mais posé à plat. Le savant archéologue ne s'est pas demandé toutefois quelle était l'origine du pluriel καταστήσασι. On aurait pu cependant s'étonner que les Antipolitains se fussent pris à plusieurs pour offrir un objet qui n'avait, somme toute, pas de valeur vénale. Nous prétendons, et nous revien-

---

[1] Matz. *Op. cit.*, p. 298.
[2] Pausanias I, V, 5.

drons sur ce point, que cet ἀνάθημα aurait été déposé par un de ces *thiases*, associations religieuses dont nous constaterons la présence dans beaucoup de villes où s'étaient développés les cultes orientaux.

Bien que le mot Κύπρις, Κυπρογένεια se rencontre fréquemment chez les auteurs grecs pour désigner Vénus [1], nous ne saurions nous empêcher de voir ici, de la part de celui qui a composé l'inscription, l'intention de marquer ses préférences pour la divinité phénicienne.

L'expression χάριν ἀνταποδοίη ne présente pas de particularité : l'association qui, d'après nous, avait placé la pierre phallique devant la statue de Vénus, réclamait en retour les faveurs de la déesse.

Après avoir ainsi justifié notre façon d'interpréter l'inscription d'Antibes, nous allons défendre la signification que nous attachons au caillou qui la porte.

Galet roulé par les eaux, il ne ressemble exactement qu'à lui-même et on aurait tort d'y chercher autre chose qu'une analogie plus ou moins grande avec ce que les Antipolitains ont voulu symboliser. Dans les pierres qu'elle façonne, la nature a parfois de bizarres caprices, qui appellent l'attention du promeneur : l'esprit mis en éveil établit alors des rapprochements. C'est ce qui a dû se passer, croyons-nous, pour le caillou qui nous occupe : sa grosseur (il pèse, nous l'avons dit, 33 kilog.), sa couleur vert foncé où s'entremêlent des taches confuses comme sur une peau de serpent, ce qui a fait donner à ce genre de pierres le nom de *serpentine*, l'ont forcément fait remarquer. La serpentine est une roche d'ordinaire peu abondante : ses principaux gisements sont en Écosse, dans le Tyrol, dans l'Oural et les Alleghanys ; on en trouve quelquefois des *amandes*, et notre pierre en est une, au milieu de tufs boueux et d'argiles écailleuses dans les Alpes-Maritimes et les Apennins [2]. Un géologue habile n'eut pas été surpris de la rencontrer ; il l'eut recueillie comme une rareté. Elle devait nécessairement être pour les passants un objet d'étonnement ; d'autant plus que sa forme allongée et quasi cylindrique la distingue complètement des galets plats et

---

[1] Homère. *Iliade*. V, 330, 422, 760. Hésiode. *Théogonie*, 199.
[2] De Lapparent, *Traité de géologie*, Paris, 1883, p. 1177. — Cf. Credner. *Traité de géologie et de paléontologie*. Traduct. Moniez, Paris, 1879, p. 50.

ovales, qui forment, sur un espace de plusieurs kilomètres, la plage d'Antibes.

Mais qu'était donc pour le pieux promeneur cette pierre mystérieuse, qui ne ressemblait à aucune de celles qu'il avait sous les yeux ? Son esprit mis en éveil dut alors être frappé de l'analogie qu'elle présentait avec un énorme phallus. Le culte de Vénus était très développé à Antibes ; nous avons tout lieu de croire que c'était la divinité principale de l'endroit. Quoi de plus naturel dès lors que de consacrer à la patronne des marins cette pierre que l'onde amère paraissait avoir roulée dans son sein, que d'offrir à la déesse qui préside à la conservation des espèces ce caillou, symbole de l'organe générateur ?

Il ne nous paraît pas inutile de faire remarquer ici que cette pudeur de pensée, qui nous empêche d'arrêter notre esprit sur tout ce qui a rapport au rapprochement des sexes, était inconnue aux anciens Grecs, et que la force vivifiante de la nature était au contraire de leur part l'objet d'un culte pieux, qui s'adressait tout spécialement à Aphrodite.

Ceci nous amène à étudier quelle était cette déesse à laquelle les Antipolitains du v° siècle avant Jésus-Christ rendaient ainsi leurs hommages.

Était-ce la Vénus de Polyclète, qu'on adorait dans le temple d'Amyclées, ou celle qu'avait ébauchée Alcamène pour le temple d'Uranie, et à laquelle Phidias avait mis la dernière main ? Était-ce la Vénus Epitragia que Scopas avait représentée sur un bouc, ou bien encore une Vénus armée ? Praxitèle allait bientôt donner au temple de Thespies une Vénus nue et une Vénus vêtue à celui de Cos ; Apelles allait peindre sa Vénus Anadyomène.

Devons-nous nous attendre à trouver dans le temple d'Antibes une de ces œuvres de génie, expression du tempérament essentiellement artistique des Grecs ?

Nous ne le croyons pas. La Vénus Antipolitaine devait avoir conservé entièrement son caractère de divinité orientale : sur cette plage si belle et si hospitalière, les Phéniciens avaient dû de bonne heure apporter, avec les produits de leur commerce et de leur industrie, le culte des divinités génératrices, protectrices des vaisseaux.

Quand Marseille, pour se mettre à l'abri des incursions des Ligures, fonda sa colonie d'Antipolis, elle ne manqua assurément pas de la placer sous la sauvegarde de ses divinités préférées : or, nous savons par une intéressante inscription [1], trouvée dans les ruines de l'abbaye de Saint-Victor à Marseille, que la ville des Phocéens avait un temple de Vénus et Bœckh fait justement remarquer que cette divinité se confondait avec l'Astarté phénicienne, honorée également jusque sur la côte ouest de la Gaule [2].

Ce n'était pas d'ailleurs le seul emprunt que fit Marseille aux divinités de l'Orient : une autre inscription sur un fragment de vase [3] n'est autre chose qu'une dédicace à Dictye, déesse lunaire des Crétois, et Leucothea, dont l'inscription du n° 6771 nous fait connaître le prêtre, était également une déesse marine, dont le principal sanctuaire était en Crète. Strabon nous dit [4], et les médailles marseillaises font foi, que Diane d'Ephèse était avec Apollon Delphinien la divinité principale de Phocéens [5].

Ce cortège de divinités orientales suffirait à lui seul pour nous fixer sur le symbolisme de la Vénus de Marseille et d'Antibes sa colonie. Or, il se trouve que nous avons au Musée de Lyon une statue de la Vénus Marseillaise d'une époque au moins aussi ancienne que notre inscription Antiboise.

Sous ses formes archaïques, c'est un objet des plus précieux pour l'histoire de l'art; il ne l'est pas moins pour la question qui nous occupe et prouve d'une façon indéniable que, dans la cité Phocéenne, Vénus était avant tout considérée comme la déesse de la génération : coiffée du *calathos*, le symbole de la fécondité, elle porte sur la main, contre la poitrine, la colombe, cet autre symbole de la fécondité, dont le nom phénicien *phrut* a peut-être formé le nom Aphrodite [6].

Nous ne paraîtrons pas téméraire en affirmant que, liée comme elle l'était avec sa métropole, Antibes n'était pas allée chercher ailleurs que chez elle

---

[1] Bœckh. *Corpus Inscr. Græc.*, n° 6769.
[2] Strabon, IV, I, 4.
[3] Bœckh. *Corpus Inscr. Græc.*, n° 6764.
[4] Strabon. III, IV, 8; IV, I, 5, 8.
[5] De la Saussaye, *Numismatique de la Narbonnaise*.
[6] Sur les différents caractères de Vénus, voir l'intéressant opuscule de M. H. Hignard, *Le Mythe de Vénus*. Lyon, 1880. L'élégance du style s'y allie à la solidité du fond.

l'image de la déesse de la mer, protectrice de sa marine et de son commerce.

Mais il est encore un autre ordre de considérations, qui nous amène à regarder la Vénus Antipolitaine comme une divinité orientale. A l'époque même que les épigraphistes assignent à notre inscription, au v° siècle avant Jésus-Christ, les cultes étrangers prirent en Grèce une extension qu'ils n'avaient pas connue jusqu'alors. C'est quelque temps avant la guerre du Péloponnèse que les associations religieuses, *thiases* et *eranes*, que l'on voit paraître pour la première fois dans la loi de Solon, acquirent un si grand développement. Ainsi que l'a si bien fait ressortir M. Foucart [1], en étudiant l'organisation de ces sociétés, c'étaient des réunions d'hommes, de femmes et même d'esclaves, qui rendaient un culte non pas aux dieux de la cité, mais aux divinités étrangères, venues de Thrace, d'Asie-Mineure, de Syrie et d'Égypte.

Nous trouvons dans les auteurs des marques non équivoques de cette invasion de la Grèce par l'Orient, quelques temps après les guerres médiques : Eupolis, dans sa comédie des Βάπται mit sur la scène et tourna en ridicule les rites de la déesse Thrace Kotytto. Dans sa pièce de *Lysistrata*, qui est de 412, le réactionnaire Aristophane raille la manie des Athéniens d'abandonner les dieux de la cité au profit des étrangers; il se moque de ces femmes qui jurent « par la Vénus de Paphos » [2], et exerce sa verve contre ces insolentes qui remplissent l'air du bruit de leurs tambours et des cris répétés de « Αἰαῖ Ἄδωνιν ». Dans une autre de ses pièces, malheureusement perdue, il s'indignait contre les sectateurs du dieu phrygien, joueur de flûte, de l'infâme Sabazios [3].

Si les progrès des cultes Orientaux étaient rapides dans cette Athènes qui, encore en 430, précipitait dans le Barathre le prêtre de Cybèle, parce qu'il voulait initier quelques habitants aux mystères de la grande déesse [4], combien devaient-ils être encore plus grands dans les colonies qui, comme

---

[1] FOUCART. *Des Associations religieuses chez les Grecs*. Paris, Klincksieck, 1873.
[2] ARISTOPHANE. *Lysistrata*, 557.
[3] ARISTOPHANE. fragm, 478.
[4] SUIDAS, s. v. Μητραγύρτης.

LE GALET INSCRIT D'ANTIBES.

OFFRANDE PHALLIQUE A APHRODITE.
V^e ou IVe siècle avant J. C.

Pl. II

Fig. 1

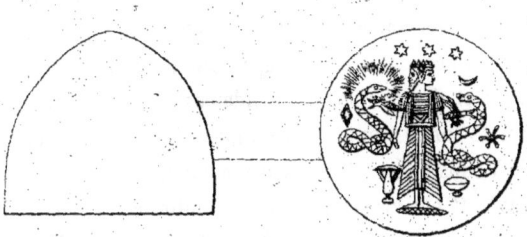

Cône ovoïde d'agate blonde, gravé en creux sur la face interne de sa base. *(Bibliothèque nationale.)* — On y voit Vénus Androgyne, et, autour d'elle, différents symboles des deux sexes, exprimés dans le langage hiératique de l'Orient.

Fig. 2

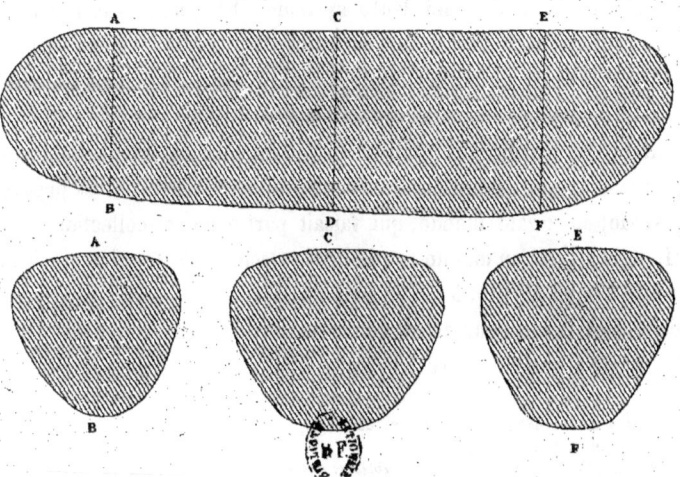

Élévation latérale et coupes du galet inscrit d'Antibes, représenté à 1/6 de sa grandeur naturelle, d'après les mesures de M. Gazan, colonel d'artillerie en retraite, à Antibes.

Marseille et Antibes, n'apportaient aucun obstacle à leur développement, qui au contraire les accueillaient avec faveur !

Sur toutes les côtes de la Méditerranée, les *thiases* se trouvaient en fort grand nombre : M. Wescher en compte à Rhodes jusqu'à dix-neuf. Composés des hommes les plus marquants de la cité, ils exerçaient une influence considérable, et nous voyons les consuls romains ne leur parler qu'avec déférence ; animés de l'esprit de prosélytisme, comprenant dans leur sein un grand nombre d'armateurs et de marins, ils étendaient leurs rameaux jusqu'aux extrémités du monde connu : outre ses temples de Marseille et d'Antibes, nous savons que la Vénus Orientale avait des sanctuaires vénérés à la Spezzia [1] et à Port-Vendres [2]. Il est vraisemblable que toutes ces villes renfermaient des *thiases*, pour entretenir le zèle des fidèles et recruter de fervents adorateurs à la vénérable Aphrodite. C'est une de ces sociétés qui, d'après nous, aurait déposé, comme emblème phallique, sur l'autel de la déesse Antipolitaine, l'énorme galet de serpentine portant l'inscription : « *Je suis Terpon (le Silène ou le phallus), serviteur de la vénérable Aphrodite*, etc. »

Nous avons déjà eu l'occasion de dire qu'Aphrodite symbolisait la force vivifiante de la nature. Ce caractère qu'on lui reconnaissait en Grèce, se manifeste encore bien davantage chez les peuples de l'Orient.

Ce n'est pas ici le lieu d'étudier leurs systèmes théogoniques et théologiques. On consultera avec fruit, sur ce point, les savants mémoires de M. Lajard [3] sur le culte de Mithra et de Vénus. Nous en retenons l'identité d'Aphrodite et de Mylitta, considérées toutes deux comme symboles du principe générateur. Le célèbre orientaliste met en lumière ce fait qu'Aphrodite était primitivement une divinité androgyne ; il apporte entre autres preuves un cône ovoïde, en agate blonde, qui faisait partie de sa collection (voir Planche II, fig. 1). C'est un monument de l'Asie Occidentale des plus précieux, qui représente Vénus Mylitta à la fois sous une forme symbolique et figurée : elle est debout et porte deux têtes géminées et de profil ; l'une des têtes, tournée de droite à gauche, offre les traits d'un homme barbu, le pouvoir

---

[1] Renan, *Mission de Phénicie*, Paris 1864, p. 868.
[2] Etienne de Byzance, *s. v.* Ἀφροδισίας.
[3] Lajard, *Introduction à l'étude du culte public et des mystères de Mithra en Orient et en Occident*. Paris 1847.

générateur mâle, dit M. Lajard [1]; l'autre tournée de gauche à droite est celle d'une femme, le pouvoir générateur femelle. Cette étrange statue est encadrée de deux serpents : la tête de l'un, radiée, est l'emblème du principe actif de la reproduction ; la tête de l'autre, surmontée du croissant de la lune, symbolise le principe passif. L'amphore et le cratère, placés au pied de cette figure ont, dans le langage hiératique assyrien, la même signification; enfin, il n'est pas jusqu'au κτείς, que l'on observe dans le champ de la pierre à droite, qui ne rentre dans le même ordre d'idées et ne représente le principe générateur femelle. La forme conique de l'objet, sur lequel est gravée l'image que nous venons de décrire fournit à M. Lajard matière à d'importants rapprochements, et il conclut à l'identité du cône et du phallus dans le langage symbolique de l'antiquité.

Dès lors, le sens de la célèbre statue de la Vénus de Paphos n'a plus rien de caché pour nous : cette pierre conique, aussi bien d'ailleurs que le cyprès pyramidal représenté sur un si grand nombre de médailles n'est autre chose que l'emblème de l'organe reproducteur mâle ; une section opérée dans le cône donne l'image de l'organe reproducteur femelle.

Ce ne sont pas d'ailleurs les seules preuves que nous ayons de l'idée symbolique exprimée par Aphrodite ; personne n'ignore qu'à Amathonte elle avait une statue androgyne, le menton orné d'une forte barbe, avec des habits de femme. Macrobe [2] nous fait observer qu'Aristophane l'appelle *Aphroditon* au neutre, et Philochore [3] assure dans son *Athis* que Vénus est la personnification de la lune et que les hommes lui sacrifiaient avec des habits de femme et les femmes avec des habits d'hommes, parce qu'elle est à la fois mâle et femelle.

Ce que nous venons de dire nous explique pourquoi le phallus se rencontre si souvent dans son culte.

Dans la description qu'il nous fait du fameux temple d'Hierapolis, l'auteur de la déesse Syrienne [4] nous parle de deux immenses tours figurant un

---

[1] Lajard, *Recherches sur le culte, les symboles, les attributs et les monuments figurés de Vénus en Orient et en Occident*. Paris 1837.
[2] Macrobe, *Saturn*. III. VIII. — Cf. Movers. *Das phönizische Alterthum*, I, p. 641.
[3] Muller. *Fragm. hist. græc.*, I, p. 385.
[4] Voir Seldeni. *De dis syris syntagma*. Lipsiæ apud Bundelium, 662, cap. IV : *Venus Syriaca*, p. 219.

phallus, qui étaient placées à droite et à gauche de la façade, et il nous décrit des rites qui choqueraient profondément notre délicatesse moderne.

Clément d'Alexandrie [1] raconte que dans les mystères institués par Cinyras en Cypre, les initiés se présentaient portant à la main du sel et un phallus, et, afin de montrer le caractère profondément religieux qu'on attachait à cet emblème, nous citerons Jamblique [2], qui dit expressément que « *c'est véritablement parce qu'un grand nombre de phallus sont consacrés que les dieux répandent la génération sur la terre* ».

Cet organe était si bien considéré comme intimement lié au culte de Vénus, les anciens étaient tellement peu offusqués d'une représentation qui blesserait notre délicatesse moderne, que nous avons des médailles de Mallus en Cilicie, où la déesse de la génération est représentée en pied, vêtue et entourée de phallus [3].

Nous pourrions insister davantage sur le rôle important attribué au phallus dans les cérémonies sacrées du culte d'Aphrodite; nous en avons dit assez pour montrer que le caractère que nous assignons au galet inscrit d'Antibes n'a rien d'étrange, si nous nous reportons par la pensée au temps où on se plaisait à symboliser par l'organe générateur mâle la force vivifiante de la nature. Dès lors, il ne nous paraîtra plus impossible qu'il ait pu venir à l'idée de quelques pieux Antipolitains de consacrer à leur déesse, comme offrande phallique, le caillou roulé dont nous donnons ci-joint la représentation et la coupe exacte (voir Planche II, fig. 2) d'après les mesures et calculs de M. Gazan, colonel d'artillerie en retraite.

Il serait assurément téméraire de vouloir rétablir les circonstances dans lesquelles cet ἀνάθημα étrange a été déposé. A-t-il été trouvé par un armateur, par un marin, ou par un paisible habitant du pays? nous ne le savons pas. Toujours est-il que notre homme ne garda pas pour lui seul sa curieuse trouvaille. Il la communiqua à des amis, peut-être aux membres du *thiase* dont il faisait partie, puisque l'inscription témoigne, nous l'avons vu, que ce galet était sur l'autel de Vénus une offrande collective.

---

[1] CLÉMENT D'ALEXANDRIE. *Protrept.*, p 10.
[2] JAMBLIQUE. *De Myst. Aegypt.*, Sect. I. ch. XI.
[3] Médaillon d'argent à l'effigie de Démétrius II, roi de Syrie. *Bibliothèque nationale*, décrit par MIONNET. *Description de médailles antiques*. Paris, 1805. 1837. t. V, p. 53. et Moyen bronze d'Antonin le Pieux, même collection dans le même t. III, p. 592.

Aphrodite dut tenir ce présent pour agréable et payer de retour ses pieux adorateurs (χάριν ἀνταποδοίη). Quel don pouvait en effet lui plaire davantage? N'est-on pas dans l'habitude de marquer par les épithètes γενέτειρα, γενετυλλίς, γενέθλιος [1] son influence sur la propagation de l'espèce? Empédocle l'appelait Ζείδωρος [2], Hésiode [3] signale par l'expression φιλομμηδής son goût pour le rapprochement des sexes, et je n'ai pas besoin de rappeler le culte que lui rendaient non seulement les collèges de courtisanes, mais, dans certaines villes, les jeunes filles appartenant aux meilleures familles.

Née de l'écume des flots, invoquée sous les noms d'Ἀφρογένεια, Ποντία, Ποντογένεια, θαλασσία, Ἁλιγενής, Ἀναδυομένη [4], Vénus était la déesse de la mer, la protectrice des marins. Raison de plus, nous l'avons dit, pour lui consacrer le caillou que pendant des siècles les eaux avaient roulé dans leur sein.

---

[1] LARCHER. *Mémoire sur Vénus.* Paris 1775, p. 235.
[2] PLUTARQUE. *Amator.* vel *Erotic.*, p. 766. E. — *Conjug. præcept.*, p, 144 B
[3] HÉSIODE. *Théog.*, 200.
[4] DE LA CHAU. *Dissert. sur les attributs de Vénus.* Paris, 1776, p. 6.

www.ingramcontent.com/pod-product-compliance
Lightning Source LLC
Chambersburg PA
CBHW060630050426
42451CB00012B/2513